conta pra mim, MÃE

Copyright © 2023 Alaúde Editorial Ltda.

Todos os direitos reservados. Nenhuma parte desta edição pode ser utilizada ou reproduzida – em qualquer meio ou forma, seja mecânico ou eletrônico –, nem apropriada ou estocada em sistema de banco de dados sem a expressa autorização da editora.

O texto deste livro foi fixado conforme o acordo ortográfico vigente no Brasil desde 1º de janeiro de 2009

Texto: Marina Constantino
Capa e projeto gráfico: Amanda Cestaro
1ª edição, 2023

Dados Internacionais de Catalogação na Publicação (CIP)
(Câmara Brasileira do Livro, SP, Brasil)

Conta pra mim, mãe / coordenação Alaúde Editorial. -- 1. ed. -- São Paulo : Alaúde Editorial, 2023. -- (Conta pra mim)

ISBN 978-85-7881-632-2

1. Famílias - História 2. Genealogia 3. Relacionamento familiar I. Série.

22-124199   CDD-158.24

Índices para catálogo sistemático:
1. Relacionamento familiar : Psicologia   158.24

Eliete Marques da Silva - Bibliotecária - CRB-8/9380

2023
A Editora Alaúde faz parte do Grupo Editorial Alta Books
Avenida Paulista 1337, conjunto 11
01311-200 – São Paulo – SP
www.alaude.com.br

 /EditoraAlaude
 /EditoraAlaude
 /EditoraAlaude
 /AlaudeEditora

sumário

04 — Introdução

07 — Meus dados

09 — Aqui e agora

12 — Árvore genealógica

15 — Infância

35 — Adolescência e juventude

59 — Vida adulta

91 — Meus valores e minhas crenças

introdução

As histórias e experiências vividas por nossos entes mais próximos são capazes de impactar gerações e gerações da mesma família, assim como moldar a maneira como enxergamos o mundo e nossas principais crenças e valores. Por isso, é fundamental que os episódios mais significativos sejam registrados e transmitidos por quem os viveu na pele.

Essa é a ideia desta obra: estimular a transmissão de narrativas entre familiares por meio de perguntas e propostas de atividades impressas que serão respondidas no próprio livro. O objetivo é que ele sirva de plataforma de registro de uma trajetória, de mediador do início de uma longa e profunda conversa e, também, de memória para a posteridade. Quem o dá de presente a alguém ganha a oportunidade de mostrar interesse pelas lembranças de um ente querido e de se aproximar mais dele, e também de conhecer mais a fundo a própria história. Já quem o recebe ganha a chance de refletir sobre a própria existência e de se divertir e se emocionar rememorando momentos importantes.

Começamos com dados pessoais e informações sobre o presente, que servirão como uma cápsula do tempo. Depois, vamos nos debruçar sobre as épocas da infância, da adolescência e da vida adulta. Terminamos com valores, crenças e conselhos dignos de serem transmitidos. Assim como acontece na vida, as perguntas vão se tornando mais complexas e as respostas, não tão simples. Mas não se preocupe se você está prestes a iniciar esta jornada! Para aproveitar melhor o processo, siga estas dicas:

RESPONDA ÀS PERGUNTAS NO SEU RITMO E NA ORDEM QUE PREFERIR. Se a resposta a uma pergunta lhe vier à mente assim que a ler, aproveite a inspiração e escreva logo o que pensou. Por outro lado, se achar uma pergunta difícil de responder, reflita sobre ela por um tempo. Leve-a para o chuveiro, ou para dar uma volta no quarteirão. Vá dormir com ela na cabeça e siga sua vida. Retome-a quando tiver chegado a uma conclusão.

NÃO SE PREOCUPE EM RESPONDER EXATAMENTE AO QUE FOI PERGUNTADO SE A QUESTÃO NÃO FIZER MUITO SENTIDO PARA VOCÊ. Mas não a ignore. Aproveite o espaço para explicar por que tem essa sensação ou falar sobre outras coisas que a pergunta lhe fez rememorar.

TAMBÉM NÃO SE PREOCUPE EM TERMINAR DE PREENCHER TUDO ANTES DE COMPARTILHAR AS REPOSTAS COM OS OUTROS. Se quiser, converse com as pessoas ao seu redor sobre as perguntas que mais chamaram sua atenção. Troque impressões com elas. Falar em voz alta também ajuda a organizar melhor as ideias antes de passar tudo para o papel.

> Não se preocupe somente com o momento de "devolver" o livro à pessoa que o deu de presente e com a reação dela. Use este livro como pretexto para rememorar os episódios mais importantes da sua vida e compartilhá-los com as pessoas que você mais ama no mundo!

ESPERAMOS QUE VOCÊ SE DIVIRTA E APRECIE A JORNADA!

> "SUA **história é importante** DEMAIS.

NOME:

DATA DE NASCIMENTO:

LOCAL DE NASCIMENTO:

NOME DO PAI:

NOME DA MÃE:

NOME DOS AVÓS PATERNOS:

NOME DOS AVÓS MATERNOS:

NOME DOS IRMÃOS:

COR PREFERIDA:

PRATO PREFERIDO:

TIME DO CORAÇÃO:

LIVRO PREFERIDO:

FILME PREFERIDO:

PROFISSÃO:

HOBBIES:

aqui e agora

ANO EM QUE ESTAMOS:
___

CIDADE E BAIRRO ONDE MORO:
___

O QUE EU VEJO PELA JANELA:
___

___

NOVELA DAS 9: 😊 ☐ 😖 ☐
___

CELEBRIDADE DO MOMENTO:
___

___ 😊 ☐ 😖 ☐

DEU NO NOTICIÁRIO

Cole (ou escreva) aqui a manchete do dia

QUE OUTROS TEMAS ESTÃO DOMINANDO AS CONVERSAS
POR ESTES DIAS? O QUE TEM A DIZER SOBRE ELES?

_____
_____
_____
_____
_____
_____
_____

E NA ESFERA PRIVADA? QUAL SERIA A MANCHETE
DA SUA VIDA AGORA?

_____
_____
_____
_____
_____
_____
_____

árvore genealógica

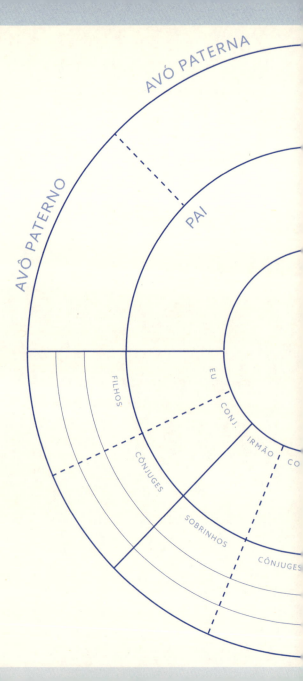

AVÔ MATERNO

AVÓ MATERNA

MÃE

CÔNJUGES

CONJ.

IRMÃO

IRMÃO CONJ.

SOBRINHOS

CÔNJUGES

SOBRINHOS

> **QUANDO NASCE um bebê, RENASCEM TODAS AS pessoas ao redor dele.**

SEU NOME FOI DADO EM HOMENAGEM A ALGUÉM?

___

___

___

___

___

___

___

VOCÊ GOSTA DELE? SABE O SEU SIGNIFICADO?

___

___

___

___

___

___

___

HÁ QUANTO TEMPO SEUS PAIS ESTAVAM JUNTOS QUANDO VOCÊ NASCEU?

_____

_____

HÁ ALGUMA HISTÓRIA INTERESSANTE QUE ENVOLVE O SEU NASCIMENTO? QUAL?

_____

_____

_____

_____

_____

_____

_____

_____

_____

_____

VOCÊ NASCEU EM CASA OU EM UM HOSPITAL?

_____

_____

_____

_____

O QUE VOCÊ SABE SOBRE A CASA ONDE SEUS PAIS MORAVAM? É CAPAZ DE DESCREVÊ-LA A PARTIR DO QUE ELES LHE CONTARAM?

_____

_____

_____

_____

_____

_____

_____

_____

O QUE VOCÊ SABE SOBRE OS SEUS PRIMEIROS MESES DE VIDA? FORAM TRANQUILOS? AGITADOS?

___

___

___

___

___

___

___

QUAL FOI A PRIMEIRA PALAVRA QUE VOCÊ BALBUCIOU? QUANTOS ANOS TINHA QUANDO COMEÇOU A FALAR E A ANDAR?

___

___

___

___

___

___

___

QUAL A LEMBRANÇA MAIS ANTIGA QUE VOCÊ TEM?

CONSEGUE SE LEMBRAR DE COMO ERA UM DIA TÍPICO NA SUA CASA? SUA FAMÍLIA FAZIA ALGUMA REFEIÇÃO REUNIDA OU JUNTAVA-SE À NOITE PARA SE DIVERTIR? ESSA ROTINA MUDOU MUITO CONFORME VOCÊ CRESCIA?

VOCÊ CHEGOU A CONHECER SEUS AVÓS? COMO ERA A SUA RELAÇÃO COM ELES? ELES MORAVAM PERTO?

_____
_____
_____
_____
_____
_____
_____

E QUANTO A SEUS BISAVÓS? O QUE SABE SOBRE ELES?

_____
_____
_____
_____
_____
_____
_____

QUEM ERA A SUA PESSOA FAVORITA EM TODA A FAMÍLIA?
O QUE FAZIA VOCÊ GOSTAR TANTO DESSA PESSOA?

QUEM ERAM OS SEUS SUPER-HERÓIS OU SUPER-HEROÍNAS?

VOCÊ APRONTAVA MUITO NA INFÂNCIA? ERA UMA CRIANÇA TRANQUILA OU TRAQUINAS?

_____
_____
_____
_____
_____
_____
_____

COSTUMAVA SE MACHUCAR MUITO? TEM ALGUMA CICATRIZ DESSA ÉPOCA?

_____
_____
_____
_____
_____
_____

VOCÊ BRINCAVA MAIS DE...

Assinale as suas brincadeiras favoritas.

- [ ] ADOLETÁ
- [ ] AMARELINHA
- [ ] BAMBOLÊ
- [ ] BOLINHA DE GUDE
- [ ] BONECA
- [ ] CARRINHO
- [ ] CARRINHO DE ROLIMÃ
- [ ] CASINHA
- [ ] DAMA
- [ ] DOMINÓ
- [ ] EMPINAR PIPA
- [ ] ESCONDE-ESCONDE
- [ ] JOGAR BOLA
- [ ] PASSA-ANEL
- [ ] PEGA-PEGA
- [ ] PETECA
- [ ] PULAR CORDA
- [ ] PULAR ELÁSTICO
- [ ] RODAR PIÃO
- [ ] STOP
- [ ] SUBIR EM ÁRVORE
- [ ] TRÊS-MARIAS
- [ ] VIVO OU MORTO
- [ ] XADREZ

SUA BRINCADEIRA FAVORITA FICOU DE FORA? QUAL ERA?

_____

ALGUMA DESSAS ATIVIDADES TEM UM NOME DIFERENTE OU UMA VARIAÇÃO NA SUA REGIÃO?

_____

> "O SEGREDO DA **felicidade é** NUNCA DEIXAR DE **ver o mundo** COM OLHOS DE CRIANÇA.

COM QUEM VOCÊ NORMALMENTE BRINCAVA: IRMÃOS E IRMÃS, PRIMOS E PRIMAS, CRIANÇAS DA VIZINHANÇA?

_____
_____
_____
_____
_____
_____
_____

QUEM ERAM SEUS MELHORES AMIGOS E AMIGAS?
MANTÉM CONTATO COM ALGUÉM?

_____
_____
_____
_____
_____
_____
_____

VOCÊ TINHA ALGUM BICHINHO DE ESTIMAÇÃO?

___

TINHA UM AMIGO OU AMIGA IMAGINÁRIOS? OU UM
BRINQUEDO QUE LEVAVA PARA TODOS OS LADOS?

___

O QUE VOCÊ DIZIA QUE QUERIA SER QUANDO CRESCESSE? ESSE SONHO ACABOU MUDANDO OU SE CONCRETIZOU?

QUANDO VOCÊ COMEÇOU A FRENQUENTAR A ESCOLA?
LEMBRA-SE DE ALGUMA BOA HISTÓRIA DESSA ÉPOCA?

___

___

___

___

___

___

ALGUM PROFESSOR OU PROFESSORA FOI MARCANTE? POR QUÊ?

___

___

___

___

___

___

VOCÊ TEM ALGUMA FOTO DESSA ÉPOCA?

Guarde-a no espaço abaixo ou faça uma descrição dela.
Conte como você lembra de se sentir nesse dia.

QUERIA VOLTAR A SER CRIANÇA? DO QUE SENTE MAIS FALTA? E DO QUE MENOS SENTE FALTA?

EM QUE SITUAÇÃO VOCÊ VOLTA A SER CRIANÇA POR UNS MINUTOS?

> **SER JOVEM É *descobrir-se* A SI MESMO *pela primeira vez.***

adolescência e juventude

VOCÊ SE LEMBRA DE QUANDO PERDEU O INTERESSE EM BRINCAR? LEMBRA-SE DE ALGUM "RITO DE PASSAGEM" QUE TENHA MARCADO O INÍCIO DA SUA ADOLESCÊNCIA?

VOCÊ VIVEU OS ANOS DE JUVENTUDE EM QUE DÉCADA?
ALGUM EVENTO HISTÓRICO DESSA ÉPOCA FOI MARCANTE?

_____

_____

_____

_____

_____

_____

_____

COMO ERA A MODA NESSE TEMPO? LEMBRA-SE DE ALGUMA
PEÇA DE ROUPA QUE ADORAVA OU QUERIA MUITO TER?

_____

_____

_____

_____

_____

_____

_____

SEU GRUPO DE AMIGOS MUDOU MUITO NESSA FASE?
VOCÊ TINHA UMA TURMA?

_____
_____
_____
_____
_____
_____
_____

VOCÊS ESCREVIAM CARTAS OU ENVIAVAM BILHETINHOS ENTRE SI?
OU O PESSOAL PASSAVA O DIA TODO JUNTO?

_____
_____
_____
_____
_____
_____
_____

QUAIS ERAM OS MELHORES PASSEIOS PARA FAZER NA SUA CIDADE? SABE SE ESSES LUGARES AINDA EXISTEM OU COMO ESTÃO AGORA?

_____
_____
_____
_____
_____
_____
_____

ALÉM DISSO, COMO VOCÊ SE DIVERTIA COM A TURMA?

_____
_____
_____
_____
_____
_____

QUAIS ERAM SEUS MAIORES INTERESSES? VOCÊ PRATICAVA ALGUM ESPORTE OU FAZIA PARTE DE UMA EQUIPE?

_____
_____
_____
_____
_____
_____
_____

VOCÊ TINHA ALGUMA COLEÇÃO? DE QUÊ?

_____
_____
_____

COSTUMAVA COMPRAR COISAS COMO REVISTAS OU GIBIS? QUAIS FAZIAM SUCESSO?

_____
_____
_____
_____
_____

NESSA ÉPOCA, APRENDEU ALGUMA HABILIDADE QUE DOMINA ATÉ HOJE OU QUE GOSTARIA DE VOLTAR A PRATICAR?

_____

_____

_____

_____

_____

_____

ALGUÉM LHE ENSINOU ESSAS COISAS OU VOCÊ APRENDEU POR CONTA PRÓPRIA?

_____

_____

_____

_____

_____

_____

_____

COSTUMAVA FAZER ALGUMA COISA NESSA ÉPOCA QUE HOJE EM DIA CONSIDERA ENGRAÇADA OU QUE JAMAIS VOLTARIA A FAZER?

___

COISAS QUE FAZEM VOCÊ VOLTAR PARA ESSES TEMPOS:

PESSOAS:

COMIDAS:

AROMAS:

LUGARES:

MÚSICAS:

> OS VELHOS
> **acreditam em tudo ;**
> AS PESSOAS DE MEIA-IDADE
> **suspeitam de tudo ;**
> OS JOVENS SABEM TUDO.
>
> — **Oscar Wilde**

QUEM ERAM SEUS MAIORES ÍDOLOS? POR QUÊ?

_____
_____
_____
_____
_____
_____
_____

QUEM ERA O GRANDE COLÍRIO OU BELDADE DO MOMENTO?

_____
_____
_____
_____
_____
_____
_____

COM QUE IDADE VOCÊ SE APAIXONOU PELA PRIMEIRA VEZ? FOI UM AMOR CORRESPONDIDO?

_____
_____
_____
_____
_____
_____
_____
_____

O QUE ESSA PESSOA TINHA DE ESPECIAL?

_____
_____
_____
_____
_____
_____
_____

VOCÊ SE LEMBRA DO QUE SENTIU NO SEU PRIMEIRO BEIJO?
GUARDA A EXPERIÊNCIA COM CARINHO?

___

E QUAL FOI A PRIMEIRA VEZ QUE FICOU DE CORAÇÃO PARTIDO?
ALGUÉM OU ALGO AJUDOU A SUPERAR ESSA SENSAÇÃO?

___

COM QUEM VOCÊ COSTUMAVA DESABAFAR SOBRE OS PROBLEMAS?

_____
_____
_____
_____
_____
_____

COMO ERA A SUA RELAÇÃO COM SEUS PAIS?
ELA SE TRANSFORMOU MUITO DESDE A INFÂNCIA?

_____
_____
_____
_____
_____
_____

SUA FAMÍLIA ERA MUITO RÍGIDA? OU VOCÊ CONSIDERA QUE TINHA BASTANTE LIBERDADE?

_____

VOCÊ TINHA O SEU PRÓPRIO QUARTO? DIVIDIA COM MAIS ALGUÉM?

_____

VOCÊ TINHA UM CANTINHO QUE ERA SÓ SEU
(EM CASA OU EM ALGUM OUTRO LUGAR DA SUA CIDADE)?

_____

NESSA ÉPOCA, VOCÊ AINDA MORAVA NA MESMA CASA EM QUE NASCEU?

SE A RESPOSTA FOR SIM: CONSEGUE NOMEAR ALGO QUE TINHA MUDADO E OUTRA COISA QUE PERMANECIA IGUALZINHA?
SE A RESPOSTA FOR NÃO: ELA ERA MUITO DIFERENTE DA PRIMEIRA? DE QUAL VOCÊ GOSTAVA MAIS?

COMO ERA A SUA PERSONALIDADE NESSA ÉPOCA?
ACHA QUE ELA MUDOU MUITO DESDE ENTÃO?

_____
_____
_____
_____
_____
_____
_____

E EM RELAÇÃO À SUA APARÊNCIA?
TINHA INSEGURANÇAS EM RELAÇÃO A ELA?

_____
_____
_____
_____
_____
_____
_____

NESTA PÁGINA, COLE UMA FOTO SUA QUANDO JOVEM OU DESCREVA COISAS QUE VOCÊ SE LEMBRA SOBRE A SUA APARÊNCIA NESSA ÉPOCA.

VOCÊ GOSTAVA DE ESTUDAR? IA BEM NA ESCOLA?

___

COM QUANTOS ANOS PAROU DE FREQUENTAR A ESCOLA?
POR QUÊ? PODERIA TER CONTINUADO?

___

QUAL FOI A LIÇÃO MAIS IMPORTANTE QUE APRENDEU NA ESCOLA?

COM QUANTOS ANOS VOCÊ COMEÇOU A TRABALHAR? AJUDAVA EM CASA OU TRABALHAVA FORA? GOSTAVA DO SEU PRIMEIRO EMPREGO?

_____
_____
_____
_____
_____
_____
_____
_____

VOCÊ SE LEMBRA DO QUE FEZ COM O PRIMEIRO SALÁRIO? COMO SE SENTIU COM ISSO?

_____
_____
_____
_____
_____
_____
_____

VOCÊ TEVE ALGUM MENTOR OU MENTORA NESSA FASE?
ALGUM CHEFE, COLEGA DE TRABALHO, PESSOA MAIS VELHA
QUE TENHA AJUDADO OU ORIENTADO?

___

ACHA QUE ASSUMIU RESPONSABILIDADES MUITO CEDO?
OU PÔDE APROVEITAR BASTANTE SUA JUVENTUDE?

___

SE PUDESSE SE ENCONTRAR COM A SUA VERSÃO JOVEM,
QUAL CONSELHO LHE DARIA?

_____
_____
_____
_____
_____
_____

NA SUA OPINIÃO, SER JOVEM NA SUA ÉPOCA ERA MUITO
DIFERENTE DE SER JOVEM HOJE EM DIA? O QUE ACHA QUE
ERA MAIS FÁCIL? E O QUE ERA MAIS DIFÍCIL?

_____
_____
_____
_____
_____
_____

LISTE ALGUNS DOS SEUS MAIORES SONHOS DESSA ÉPOCA.

1. _____
2. _____
3. _____
4. _____
5. _____

CONSIDERA QUE A MAIORIA SE REALIZOU? OU TODOS MUDARAM BASTANTE?

_____
_____
_____
_____
_____
_____
_____
_____

> OLHAR PARA TRÁS **nos dá forças para** SEGUIR EM FRENTE DE **peito aberto e** CABEÇA ERGUIDA.

vida adulta

COM QUANTOS ANOS VOCÊ SAIU DA CASA DOS SEUS PAIS? QUAIS FORAM AS CIRCUNSTÂNCIAS QUE MOTIVARAM A MUDANÇA?

_____
_____
_____
_____
_____
_____
_____

VOCÊ FOI TENTAR A VIDA MUITO LONGE DO LUGAR ONDE PASSOU A INFÂNCIA? MANTEVE-SE PERTO DA FAMÍLIA NESSE PERÍODO?

_____
_____
_____
_____
_____
_____
_____

DESCREVA COMO ERA A PRIMEIRA CASA QUE CONSIDEROU SUA (NÃO DOS SEUS PAIS OU DE OUTRAS PESSOAS). GOSTAVA MUITO OU NÃO GOSTAVA DE ALGO ESPECÍFICO A RESPEITO DELA?

QUAIS SACRIFÍCIOS TEVE QUE FAZER PARA CONSEGUIR CONQUISTAR SEU PRÓPRIO CANTO?

O QUE LEMBRA DO INÍCIO DA VIDA ADULTA?
O QUE MAIS APRENDEU NESSE PERÍODO?

_____
_____
_____
_____
_____
_____
_____

QUANDO VOCÊ SENTIU QUE TINHA SE ESTABELECIDO NA VIDA?

_____
_____
_____
_____
_____
_____

CONSEGUE CONTAR QUANTOS TRABALHOS/EMPREGOS JÁ TEVE?
QUAL FOI O SEU FAVORITO? E DE QUAL MENOS GOSTAVA?

QUAIS EVENTOS DA SUA VIDA ADULTA CONSIDERA IMPORTANTE COLOCAR NA SUA LINHA DO TEMPO?

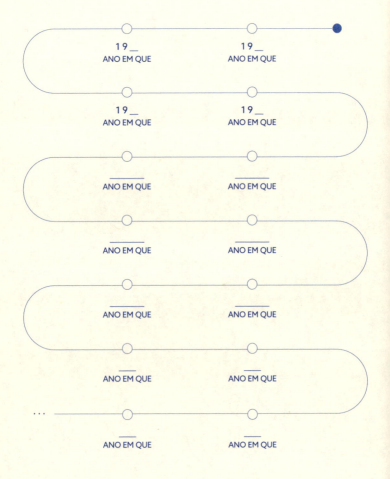

SENTE FALTA DE ALGUMA ÉPOCA EM ESPECIAL?

QUAL FOI O PERÍODO DE MAIORES DIFICULDADES? POR QUÊ?

QUEM ESTEVE AO SEU LADO NOS MOMENTOS MAIS DIFÍCEIS?

> **MATURIDADE É agradecer a todos os QUE SEGUEM AO NOSSO LADO e perdoar os que NÃO PUDERAM CONTINUAR.**

COMO FOI A EXPERIÊNCIA DE COMEÇAR SUA PRÓPRIA FAMÍLIA? LEMBRA-SE DE COMO SE SENTIU?

_____
_____
_____
_____
_____
_____
_____
_____

O QUE VOCÊ VEIO A ENTENDER SÓ DEPOIS DE TER FILHOS?

_____
_____
_____
_____
_____
_____
_____

O QUE VOCÊ SENTE AO VER A FAMÍLIA QUE CONSTRUIU REUNIDA HOJE EM DIA?

USE ESTE ESPAÇO PARA COLAR DUAS FOTOS DE SUA
FAMÍLIA: UMA ANTIGA E OUTRA RECENTE.
REGISTRE O QUE SENTE AO VER AS FOTOS LADO A LADO.

O QUE VOCÊ MAIS GOSTAVA DE FAZER COM SEUS FILHOS QUANDO ELES ERAM CRIANÇAS?

_____

_____

_____

_____

_____

_____

_____

QUE COISAS VOCÊ SONHAVA FAZER COM CADA FILHO OU CADA FILHA QUANDO CRESCESSEM?

_____

_____

_____

_____

_____

_____

_____

CONTE ALGUM EPISÓDIO EM FAMÍLIA QUE CONSIDERA ESPECIAL:

QUAL FOI SUA PRIMEIRA GRANDE CONQUISTA?

___

E A ÚLTIMA COISA QUE CONQUISTOU?

___

LISTE AS PRÓXIMAS COISAS QUE GOSTARIA DE CONCRETIZAR:

- _____
- _____
- _____
- _____
- _____
- _____
- _____
- _____
- _____
- _____

SENTE QUE SUA VIDA TEVE MAIS MOMENTOS FELIZES DO QUE TRISTES?

___

LISTE ALGUMAS COISAS PELAS QUAIS SENTE GRATIDÃO:

SE PUDESSE REVIVER UM DIA DA SUA VIDA ATÉ O MOMENTO, QUAL SERIA? CONTE TODOS OS DETALHES DE QUE SE LEMBRA SOBRE ELE:

HOUVE ALGUM MOMENTO OU EXPERIÊNCIA EM QUE SENTIU QUE SUA VIDA MUDOU PARA SEMPRE?

TEM ALGUM GRANDE ARREPENDIMENTO? SE PUDESSE VOLTAR NO TEMPO, FARIA ALGO DIFERENTE?

QUAL FOI A COISA MAIS DIFÍCIL QUE JÁ FEZ?

DE ONDE TIROU CORAGEM?

NA SUA CABEÇA, VOCÊ SE SENTE DA IDADE QUE TEM?

___

COMO SE SENTE EM RELAÇÃO AO SEU CORPO HOJE, CONSIDERANDO TODAS AS TRANSFORMAÇÕES PELAS QUAIS ELE PASSOU?

___

O QUE ACHA QUE TODOS DEVERIAM FAZER (OU PARAR DE FAZER) PARA CHEGAR COM SAÚDE À SUA IDADE?

VOCÊ JÁ CONHECEU ALGUÉM FAMOSO? QUEM GOSTARIA DE CONHECER?

___

ALGUMA VIAGEM OU LUGAR MARCOU MUITO A SUA VIDA?

___

QUAL O ITEM MAIS PRECIOSO QUE VOCÊ AINDA TEM?
POR QUÊ?

UMA PERGUNTA QUE VOCÊ SEMPRE QUIS RESPONDER,
MAS NUNCA LHE FIZERAM.

PERGUNTA:

RESPOSTA:

LISTE PESSOAS POR QUEM VOCÊ SENTE GRANDE ADMIRAÇÃO. QUE QUALIDADES ADMIRA NELAS?

_____   _____

_____   _____

_____   _____

_____   _____

_____   _____

LISTE ALGUMAS QUALIDADES QUE CONSIDERA QUE AS PESSOAS VALORIZAM EM VOCÊ:

_____   _____

_____   _____

_____   _____

_____   _____

_____   _____

QUAIS FORAM OS MELHORES CONSELHOS QUE RECEBEU AO LONGO DA VIDA?

CONSELHO: _____

_____

QUEM DEU: _____

POR QUE O ACHO BOM:

_____

_____

CONSELHO: _____

_____

QUEM DEU: _____

POR QUE O ACHO BOM:

_____

_____

CONSELHO: _____

_____

QUEM DEU: _____

POR QUE O ACHO BOM:

_____

_____

CONSELHO: _____

_____

QUEM DEU: _____

POR QUE O ACHO BOM:

_____

_____

QUAL A PESSOA DE QUEM VOCÊ MAIS SENTE FALTA NO MUNDO?

O QUE GOSTARIA DE FALAR PARA ELA SE PUDESSE REENCONTRÁ-LA?

QUAL A COISA DE QUE MAIS TEM MEDO NA VIDA?

___

VOCÊ TEM MEDO DA MORTE?

___

LISTE SUAS DEZ COISAS FAVORITAS EM TODO O MUNDO.

VALE TUDO: ESTAÇÃO DO ANO, HORA DO DIA, UM FILME, UM CHEIRO, UMA SENSAÇÃO...

Tente descrevê-las nos mínimos detalhes e não se preocupe com a ordem.

1. ___
2. ___
3. ___
4. ___
5. ___
6. ___
7. ___
8. ___
9. ___
10. ___

CONTE UMA HISTÓRIA DE FAMÍLIA QUE DEVERIA ESTAR EM UM LIVRO.

> O AMOR DOS QUE **nos querem bem** É O QUE HÁ DE MAIS **valioso no mundo.**

meus valores e minhas crenças

OS VALORES E AS CRENÇAS QUE CONSIDERO MAIS IMPORTANTES:

SE EU PUDESSE DEIXAR ALGUNS CONSELHOS...

> NOSSO MAIOR LEGADO **para os outros** SÃO AS EXPERIÊNCIAS **que adquirimos.**